AF452487

ICONES RERUM NATURALIUM,

OU

FIGURES ENLUMINÉES

D'HISTOIRE NATURELLE

DU NORD:

Par Mr. le Professeur ASCANIUS.

PREMIER CAYER.

A COPENHAGUE,

Chez CL. PHILIBERT.

M DCC LXXII.

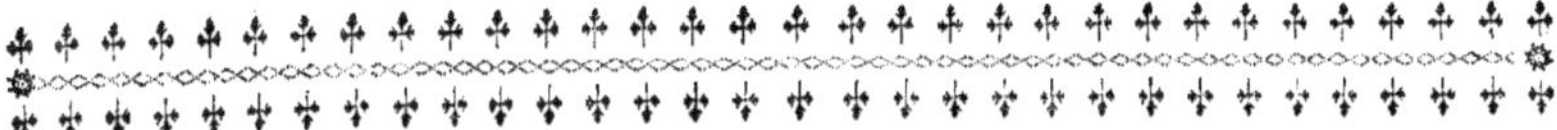

EXPLICATION
DES
FIGURES ENLUMINÉES
D'HISTOIRE NATURELLE DU NORD.

PREMIER CAYER.

TAB. I.

LA CARPE DE MER.

C'eſt la plus grande & la plus commune de ce genre. Elle eſt abondante dans les golfes & aux environs de *Lindersnes*, pendant l'été ; elle ſe nourrit preſque à fleur d'eau de coquillages & de vermiſſeaux de mer, attachés au roc & qui l'enduiſent d'une à deux braſſes d'eau.

Il y a deux variétés, *la rouge & la verte.* La premiere eſt la plus commune. Les petites ſont exactement ſemblables aux grandes. Elles varient de 10 à 15 pouces ; les grandes péſent 2 à 3 livres.

La chair eſt ferme & bonne ; mais elle ſent un peu l'alcali volatil ; qualité commune aux vermiſſeaux de mer, & animaux à coquilles.

LABRUS, *Bergylta, Pinnæ dorſalis, radiis XX ſpinoſis & X inermibus ramoſis.*
B. *5.* D. $\frac{20}{10.13}$. P. 14. V. $\frac{1}{4}$. A. $\frac{3}{4}$. C. 18.
Norv. *Bergylte*, Dan. *Söe Carpe.*

TAB. II.

L'AMMODITE.

C'eſt un poiſſon de l'Océan Septentrional & de la Baltique. En Norvége & en Angleterre on le prend en fouillant dans le ſable après le reflux ; mais dans la Baltique on le pêche avec de grands filets terminés en ſacs à mailles étroites.

La figure le repréſente de grandeur moyenne, & celle de la tête eſt un peu plus groſſe.

Dans le Nordenfields il ſert d'amorce & il indique les endroits pour la pêche de l'*Hippogloſſes*, appellé *Siil-Stöer.*

Le Dauphin cherche l'Ammodite dans le fond ſablonneux, comme le cochon déracine des plantes.

C'eſt l'AMMODYTES TOBIANUS de Mr. *Linné.*
B. 7. P. 12. D. 54. A. 24. C. 18.
Norv. *Siil.* Dan. *Tobis.* Germ. *Sandſpiring.* Angl. *the Launce.*

TAB.

TAB. III.
LE MAQUEREAU.

Il se trouve dans toutes les mers de l'Europe. C'est le *Scombros* des Anciens, qui en firent l'espece de *Garum* la plus estimée.

Il s'en trouve ordinairement ensemble en quantité, & il vole pour ainsi dire en été sur la surface de l'eau.

Ceux de *Jomfrue Land*, dans le *Sydenfields*, sont les plus estimés pour le commerce intérieur ; mais ceux du *Nordenfields* sont excellens pour le commerce extérieur, & il y en a en abondance.

Lorsqu'il est vivant il n'y a aucun poisson aussi beau. L'art ne peut pas le représenter dans son état naturel.

La figure le représente de grandeur moyenne, mais il arrive quelquefois à un volume considérable, pesant jusqu'à 4 à 5 livres.

L'anus est garni d'une petite épine.

La dénomination est presque la même par-tout, excepté en Italie, où il a conservé son ancien nom. Les Norvégiens leur donnent pourtant des noms différens suivant leur âge.

SCOMBER, *Scombrus* de Mr. *Linné.*
Dan. *Makrel.*
B. 6. P. 20. D. 12, 12. V. 6. A. 12. C. 30.

TAB. IV.
LE TORSK.

Les observations sur la vaste étendue de nos côtes, depuis l'isle de *Bornholm*, jusqu'à l'extrêmité septentrionale de Bergen, m'ont appris que nous avons trois especes de *Dorsch*, distinguées spécifiquement par leur économie ; savoir le *Torsk*, le *Titling* & le *Cabiliau.*

Le *Torsk littorale* de petite espece, & de couleur plus ou moins verte, habite le fond sablonneux près des côtes, où les véritables prairies de la mer sont formées par la *Zostera* des Botanistes, d'où cette espece tire sa couleur verte.

Elle est la plus commune dans la Baltique, & dans le *Categat* jusqu'à *Lindersnes.*

La grandeur de ce poisson ne va guere au-delà d'un pied ; sa chair est la plus saine & la plus tendre, sur-tout en hyver. Il se nourrit de petites écrevisses & de squilles qui habitent comme lui les fonds verds.

B. 6. D. 14. 20, 18. P. 12. V. 6. A. 20. 16. C. 30.

GADUS, *littoralis, triptergyus cirratus varius, iride miniacea, maxilla inferiore punctis utrinque v. superiore longiore, cauda æquali.*

CALLARIAS, Autor.
Dan. *Torsk ; Græs-Torsk.*
Germ. *Dorsch.* Angl. *the Torsk.*

T A B. V.

L E   T I T L I N G.

Il habite les côtes extérieures de Norvége, depuis Lindersnes jufques au Nord-Cap, & en Islande ; ces côtes font couvertes de plufieurs efpeces de *Fucus*, & fur-tout de celle que les Botaniftes nomment *Scoparius*, Norv. *Taren*, dont le volume eft très-confidérable, étant de 6 à 8 pieds de long. Cette plante fe trouve à une profondeur de 30 à 40 braffes d'eau ; & le *Titling* qui trouve là fon fond naturel en tire auffi fa couleur brune.

La pêche du *Titling* eft fort confidérable pour le commerce du Nordenfields & d'Islande. Les barques percées au fond en apportent de vivans à Copenhague.

Le *Titling* arrive à la grandeur de 2 pieds. La chair eft bonne, mais moins tendre que celle du *Torfk*.

D'après cette defcription naturelle & œconomique, le *Titling* porteroit le nom de *Marinus*, & le *Cabilian* de *Pelagicus*.

GADUS, *Titling, Corpore ferrugineo triptergius cirratus , maxilla inferiore punctis pluribus obfoletis.*

Norv. *Tare Torfk , Titling.*

B. 6. D. 14, 20, 18. P. 20. V. 6. A. 20, 18. C. 32.

T A B. VI.

L' O R P H I E.

L'Orphie eft proprement un Poiffon de la Baltique & du Categat jufqu'à Lindersnes ; car de l'autre côté il eft plus rare. Il eft abondant fur aux environs des Isles du Categat. On en fait une bonne pêche en été pour l'ufage économique. La chair eft alors ferme & graffe, approchante de celle du Maquereau. La couleur verte des arrêtes caufe quelque dégoût aux palais délicats, mais le peuple fait moins attention à cette fingularité & il s'en trouve bien.

La grandeur de ce poiffon varie d'un à deux pieds.

B. 11—13. D. 18. P. 12. V. 6. A. 18. C. 20.

Esox, *Bellone* des Auteurs.

Norv. *Neb-Sild.* Dan. & Germ. *Hornfisk.*

TAB.

FIGURES ENLUMINE'ES

T A B. VII.

LA VIVE ou *DRAGON DE MER.*

Ce Poiſſon ſe trouve dans toutes les mers de l'Europe, mais nulle part en abondance. La table des Grands en eſt ſouvent ſervie en été, quoique la chair n'en ſoit pas bien délicate.

Il eſt dangereux pour les pêcheurs, qui ſe piquent ſouvent les doigts aux rayons épineux des nageoires antérieures de ſon dos, ou peut-être des épines fortes de la tête, lorſqu'ils le tirent du filet, car les ſymptomes de cette piquure ſont aſſez fâcheux. Cette mauvaiſe qualité n'a point été inconnue aux Anciens, & doit être attribuée à deux cauſes, ſavoir la rage de l'animal pris vivant, & les humeurs ſcorbutiques de l'homme bleſſé ; car la ſtructure des épines n'en indique point.

La grandeur de ce poiſſon paſſe rarement celle de la figure, & il eſt preſque inconnu au-deſſus de Lindersnes.

C'eſt le *Dragon* des Auteurs Grecs.

Trachinus *Draco* de Mr. *Linné.*

B. 6. D. 5. 31. P. 16. V. 6. A. 32. C. 16.

Dan. *Fiæſing*, Angl. *the Weever.*

La fig. A repréſente celle du *Gordius Marinus*, de grandeur naturelle; & B, C plus grande. Cet animal ſe trouve dans les entrailles de tous les poiſſons gras, comme le Saumon, le Sey, le Maquereau, &c. ſur-tout à la ſurface du *Foie*, dans un plan ſpiral. Mais ce *Gordius* n'eſt nullement la cauſe de la lépre ſcorbutique de nos pêcheurs du Nordenfields, dont la manière de vivre trop humide, & trop froide, & une nourriture où il entre trop de parties graſſes de poiſſons, en donne aiſément la raiſon phyſique & véritable. Ces vermiſſeaux ſe trouvent auſſi par-tout ailleurs dans la mer, & ſur-tout parmi le *Teredo navalis*, ver qui ronge les bois dans la mer.

Norv. *Qveiſe.*

T A B. VIII.

LE CORBEAU BLANC DE FEROE.

Cette variété du Corbeau ſe trouve uniquement à Feroë. On en apporte ici de vivans, comme une curioſité. On les apprivoiſe aiſément. Il y en a de tout blancs, mais ils ſont rares. L'eſpece de deux couleurs eſt même peu commune. Car à l'exception de quelques paires qui pondent dans ces Iſles leurs œufs tous les ans, il n'en reſte enſuite que quelques-uns iſolés, qui ſe font voir en différentes ſaiſons indéterminées.

L'expé-

L'expérience a fait voir que deux Corbeaux noirs en ont produit un blanc & un noir, & réciproquement qu'un noir eft provenu de deux blancs. Les Corbeaux noirs font les plus communs, & caufent un grand dégat aux œufs de tous les autres Oifeaux de mer qui pondent en grand nombre dans ces Isles, quoique la loi facilite leur deftruction au moyen d'une efpece de taxe qui oblige les habitans d'apporter tous les ans un certain nombre de têtes de Corbeaux, fous peine d'amende.

Dan. *Hvid Raun fra Feröe.*

Lat. Corvus *variegatus Færoenfis.*

T a b. IX.
LE VANNEAU gris de fer.

Cet Oifeau doit être mis au nombre des Oifeaux d'Islande, qui paffe quelquefois nos Isles en allant ou venant. Le *Raudbresling*, nom que les Islandois donnent à cet oifeau, à caufe de fa couleur rougeâtre fur le ventre, arrive affez tard au Printems dans cette Isle, par fa partie orientale, pour venir à la partie auftrale, aux environs de *Beffefted*. Ils fe tiennent alors en grand nombre fur le rivage de la mer, que le reflux laiffe à découvert. Ils fe tiennent fort fur leurs gardes & font difficiles à tirer. Dès que les marais dans l'intérieur du pays font dégelés, ils quittent la mer & cherchent les endroits fangeux & ceux qui font les plus inacceffibles aux hommes, pour y conftruire leurs nids. En automne ils reviennent fur le rivage & font des premiers à quitter le pays.

Il y a une variété grife, qui eft probablement la femelle, & la *Tringa cinerea* de Mr. *Brunniche*, dont quelques-uns reftent pendant l'hyver.

La chair de cet oifeau eft un peu féche, mais plus en Islande qu'ici, à caufe du changement de nourriture.

La figure eft de grandeur naturelle.

Tringa *ferruginea, dorfo alisque grifeo undulatis, pectore abdomineque ferrugineis.*

Dan. *Rödbröftling.* Island. *Raudbresling.*

T a b. X.
LA TULIPE DE MER.

Quoique nous ayons fur nos propres côtes prefque toutes les efpeces *de Lepades*, que Mr. *Ellis* a décrites dans les *Tranfactions Philofophiques*, A. 1758. pl. 35. je n'ai cependant trouvé cette Tulipe qu'une feule fois attachée à une *Gorgonea placomus*. Elle étoit plus petite que celle de la figure, & l'animal tout-à-fait conforme avec ceux des autres *Lepades*.

Mr. *Ellis* l'a trouvé sur le corail rouge, comme je crois, par sa figure 10. Par conséquent la tulipe se trouve dans la Méditerranée comme dans l'Océan. Dans mon voyage j'ai fait des observations sur la GORGONIA *Lepadifera*, sur le *Lepas aurita*, (espece découverte par Mr. le Colonel *Schmidt* de Stavanger & Envoyée à Londres en 1757.) & sur celle de la *Baleine*, &c. comme on le verra en son lieu.

L'arbuste de mer ici dépeint représente la GORGONIA *lepadifera*, ou *resedæformis*. On me l'apporta de Finmarchie en 1765. On le tira de la mer d'une profondeur considérable par une corde à pêcher. Les *Lepades* y sont agrouppés d'une maniere fort singuliere, en forme de fleurs.

La forme extérieure ne suffit gueres pour déterminer les especes de ce genre d'animaux à cochilles multivalves ; mais l'œconomie doit y contribuer.

La Tulipe de mer est composée d'une base applatie & de six battans à dos élevés & emboîtés par les côtés. L'ouverture est garnie de quatre couvercles triangulaires, rayés & velus, que l'animal fait jouer à son gré, pour le mouvement rapide & presque continuel de ses bras.

LEPAS *Hameri*, *testa sex valvi lævi, operculis quatuor triangularibus, transversim striatis, hirsutis.*

Dan. *Söe Tulip.*

Les figures A & B désignent la grandeur naturelle, & B représente l'intérieur avec l'animal desséché.

AVIS.

Ceux qui ne voudront pas acheter derechef les figures enluminées qui font le premier Cayer, pourront faire usage des premieres publiées en 1767, en les faisant coller sur du papier de la grandeur de celui-ci, pour les rendre égales à celles du second & des suivantes. D'ailleurs cette nouvelle Explication suffira, suivant l'avis joint à la feuille du titre du second Cayer. Voilà sur quoi les premiers souscripteurs & les nouveaux pourront se régler.

[illegible] Nat. Tab. II

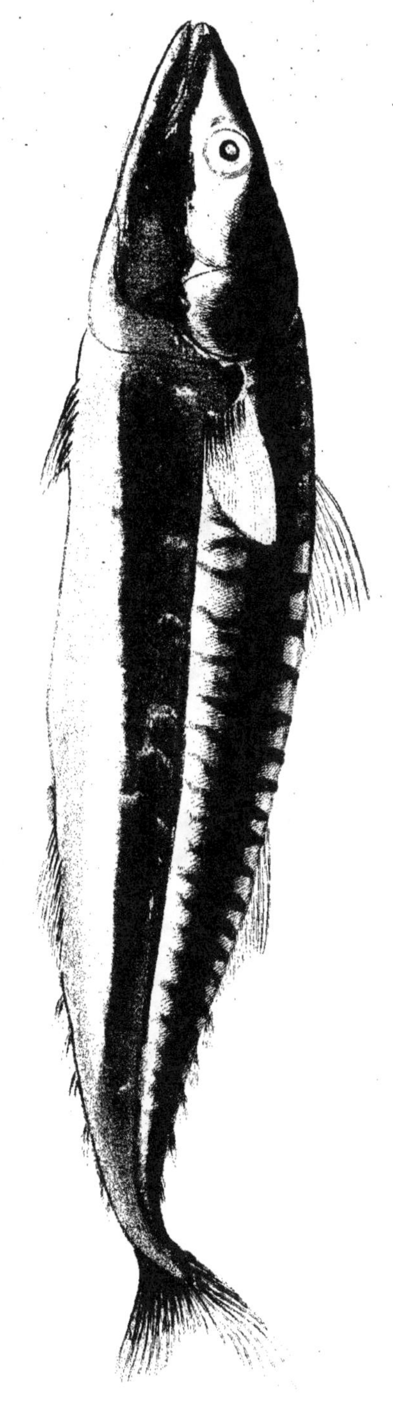

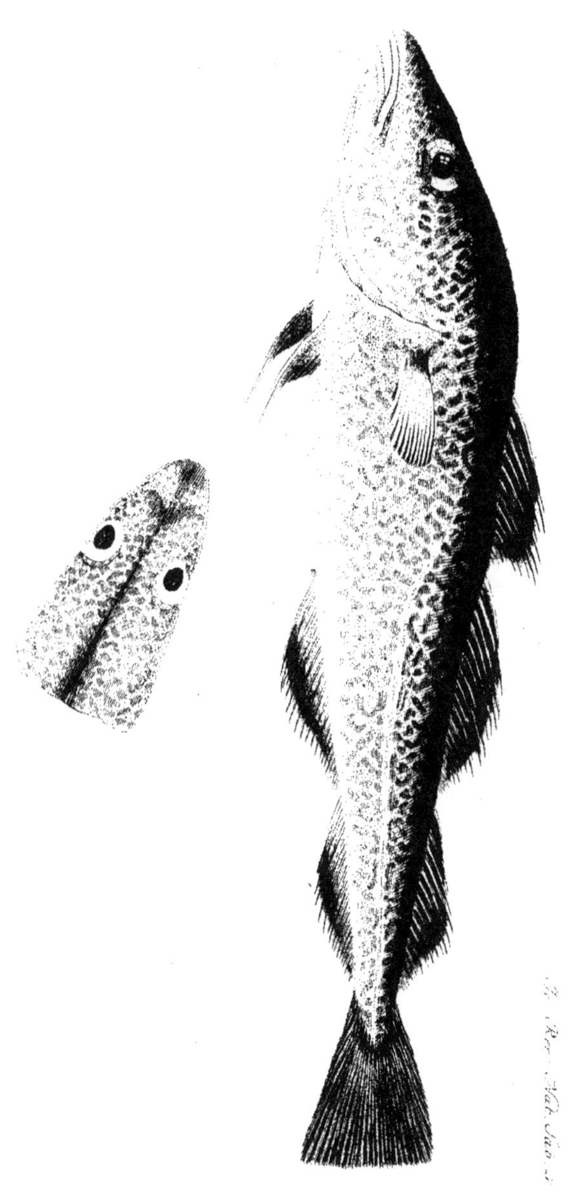

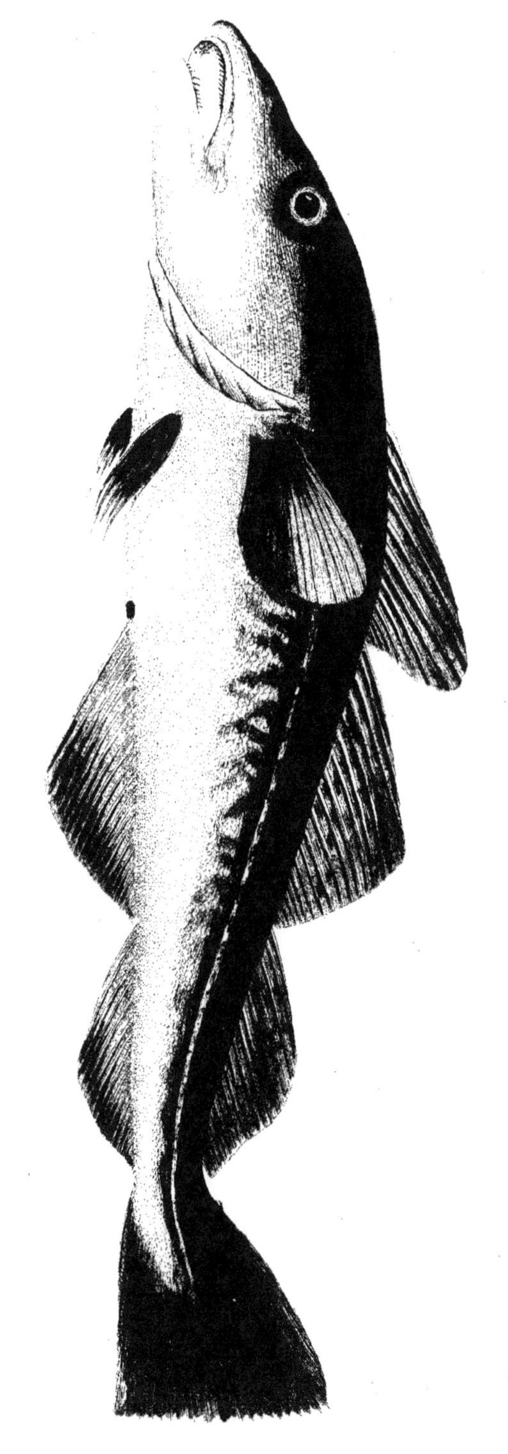

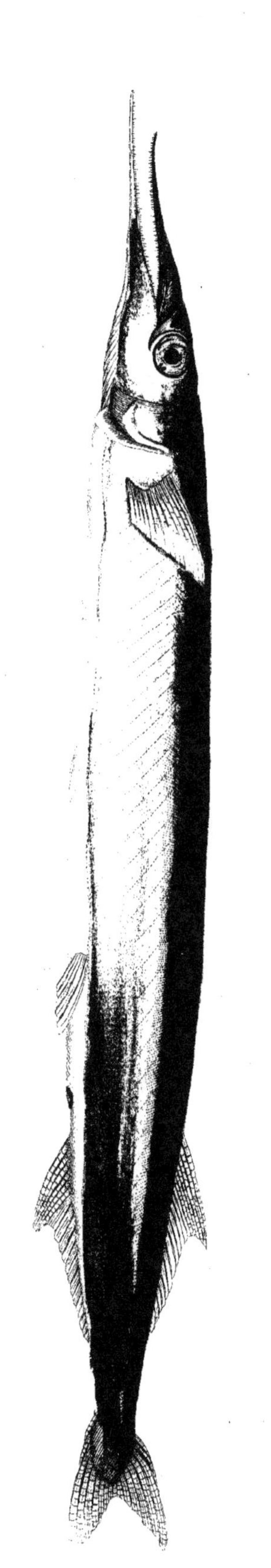

Sa. Ber. Nat. Tab. VI.

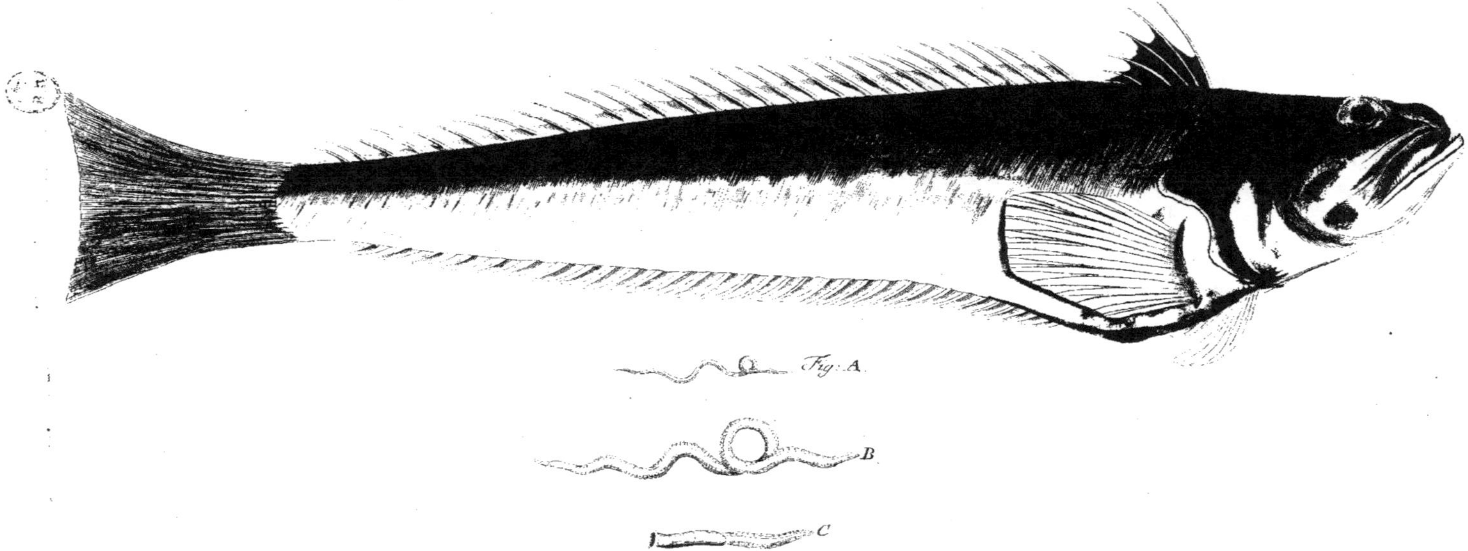

Jo: Reo: Nat: Tab: VII
Fig: A.
B
C

A. Berniot Lith. VIII.

De Rer. Nat. Tab. IX.

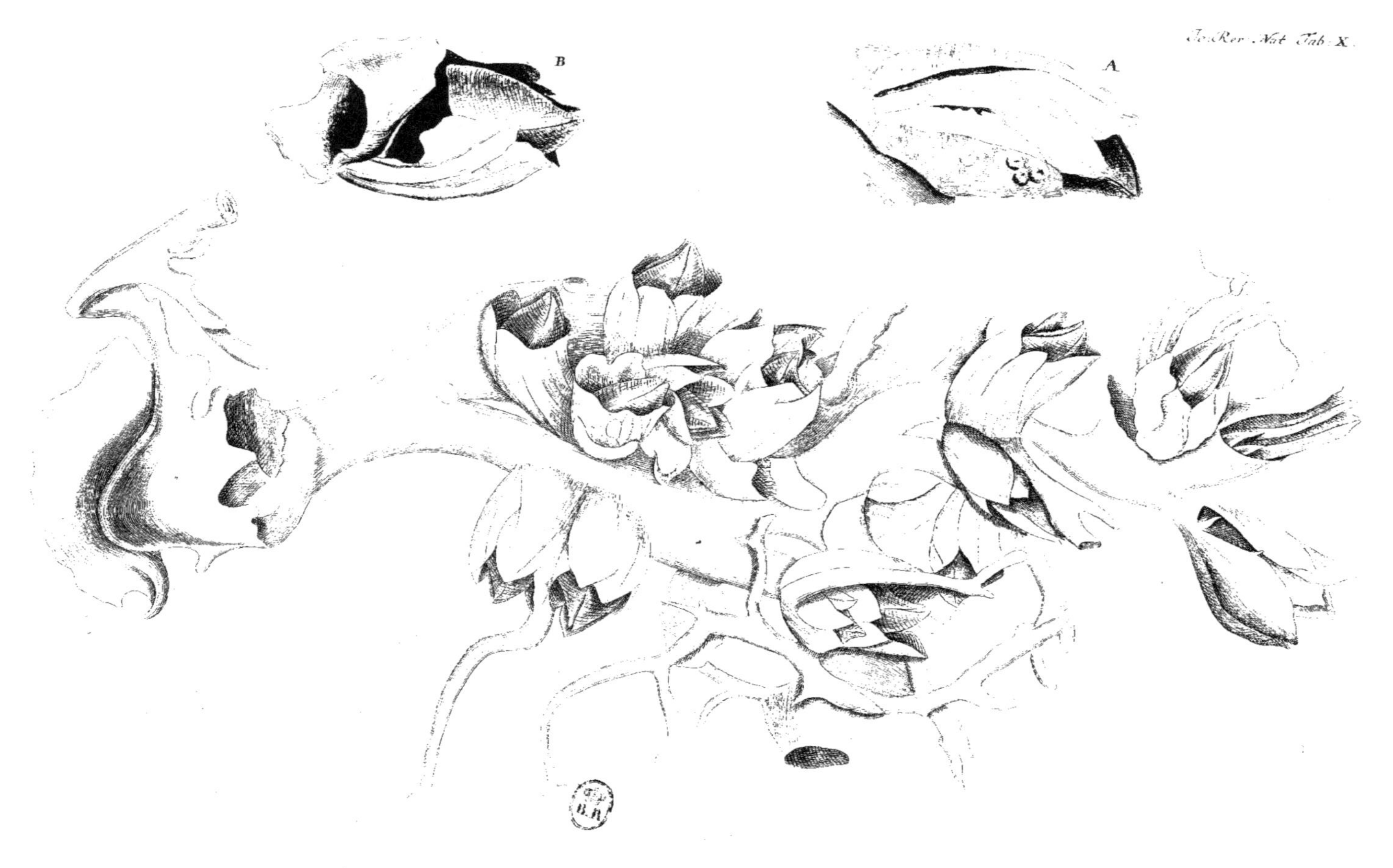
Io. Rer. Nat. Tab. X.
A
B

ICONES RERUM NATURALIUM,

OU

FIGURES ENLUMINÉES

D'HISTOIRE NATURELLE

DU NORD:

PAR MR. LE PROFESSEUR ASCANIUS.

SECOND CAYER.

A COPENHAGUE,

CHEZ CL. PHILIBERT.

MDCCLXXII.

A V I S.

Depuis la publication, en 1767, du Premier Cayer de *X Figures enluminées d'Histoire Naturelle*, j'ai fait, par ordre du Roi, en 1768, 1769 & 1770, une collection confidérable de Defféins, fur les Côtes de la Province de Chriftianfand & de Bergen, & dans l'intérieur de celle d'Aggershuus, en Norvége, pour donner au public une Planche gravée & enluminée de chaque efpece de *Poiffon*, d'*Etoiles de Mer*, d'*Infectes*, de *Cochilies*, & de petits Animaux de Mer, d'*Oifeaux*, &c. avec une Defcription ou Nomenclature fuffifante, pour faire connoître exactement & au naturel chaque Efpece.

Les Defféins originaux, faits fur les lieux avec la plus grande exactitude & beauté, confiftent en 139, qu'on pourra réduire en 100 planches, y compris les X déjà publiées, qu'on donnera derechef en meilleur état & mieux enluminées, une ou deux feulement dans chaque nouveau Cahier, afin de les avoir uniformément ; ou bien on en fera un autre premier Cahier de la même forme que ce fecond, avec une femblable Nomenclature, en faveur de ceux qui les fouhaiteront, fi on eft content de ce fecond, de la maniere que je le publie.

Cet ouvrage fera abfolument neuf en tout, rien n'ayant été publié auffi exactement fur cette partie curieufe de l'Hiftoire Naturelle du Nord, qui n'abonde point ailleurs que fur ces Côtes Septentrionales.

Le tout fera dirigé & enluminé fous mes yeux, & en mon abfence par un habile naturalifte; ainfi l'on peut compter fur la plus parfaite exécution, pour l'avenir, de cet ouvrage.

La Nomenclature des Cahiers fuivans ne fera plus donnée qu'en François, de même que le Texte de l'ouvrage, tous les Amateurs entendant cette langue auffi bien que leur langue naturelle.

A 2

Condi-

Chaque Année, à commencer par Février ou Mars 1772, on en publiera un Cayer de X Figures enluminées, avec la table explicative de chaque Efpece de Poiffon, &c. &c. de forte qu'en dix annécs l'Ouvrage doit être achevé, ou plutôt fi faire fe peut.

Au lieu de petit Papier, dont on s'étoit d'abord fervi, on fera ufage, pour les Figures, de *Papier Median* de Hollande, comme pour le *Flora Danica*, afin que toutes les Figures puiffent y être mieux repréfentées. Tout cela coûtera davantage que felon le premier plan, fur-tout pour une plus parfaite exécution, foit de la gravûre foit de l'enluminure ; fans parler des dépenfes confidérables du Roi pour cet objet. Il feroit donc impoffible de continuer à les publier fur le même pied que les dix premieres Planches.

Ainfi, perfuadé que cette entreprife fera agréable à tous les Amateurs d'Hiftoire Naturelle, le Libraire les donnera par Soufcription au prix très-modique de Rixd. 3. lubs. ct. ou L. 13. de France, ou Fl. 6. 6. ct. de Hollande ; & de même pour tous les Cahiers fuivans, chaque Année.

Ceux qui n'auront pas foufcrit pour ce Cahier, comme fus eft dit, payeront Rixd. 4. au lieu de 3 Rixd. On n'enluminera d'abord que le nombre foufcrit.

Chacun donnera fon nom, dont on imprimera la lifte avec le 3ᵉ Cahier ; & tous ceux qui viendront enfuite, payeront Rixd. 4. ou L. 17. 6. de France, ou Fl. 8. 8 fols par Cahier, fans aucune diminution : car à peine le premier prix payera les frais.

COPENHAGUE, ce 15ᵉ Fevrier 1772.

EXPLI-

EXPLICATION
DES
FIGURES ENLUMINÉES
D'HISTOIRE NATURELLE DU NORD.

SECOND CAYER.

Tab. XI.

LE ROI DES HARENGS.

La grandeur de ce poisson est de 10 à 12 pieds. Le seul endroit où il a été trouvé est à Glesvær près de Bergen. On l'appelle *Sild Konge*, *Sildtuft*. Ce genre est nouveau & l'espece est unique. On en donnera l'histoire détaillée dans les *Memoires de l'Académie des Sciences de Copenhague* pour l'an. 1770.

Regalecus glesne, cirris pectoralibus longissimis ; Pinnæ dorsalis radii priores soluti subspinosi. M. B. 4—5. D. 120. P. 10. V. 1. A. 0. C. —

Regalecus. *Caput laminis osseis tectum ; Maxillæ prominentes ; Dentes subulati ; Membrana branchiostega radiis* IV—V.

Pinnæ ventrales filiformes, analis nulla ; corpus ensiforme lineis asperiusculis. Norv. *Sildtuft.*

Tab. XII.

LE PAON BLEU.

Dans le premier Cahier j'ai donné l'histoire d'une espece de Paon, lat. *Labrus*, savoir le *Bergylte ;* & j'ai remarqué que les couleurs les plus vives & les plus brillantes sont particulieres à ce genre de poisson de tous climats. La figure fait voir que le Paon bleu surpasse de beaucoup le *Bergylte ;* aussi il est moins commun. Cette espece abonde principalement dans les golfes aux environs de *Lindersnes*, dans le *Christiansandois.* Sa grandeur varie entre 8 à 12 pouces, ou un pied.

Labrus cæruleus, lineis maculisque cæruleus.

B. 5. D. $\frac{17}{12}$. P. 14. V. $\frac{1}{5}$. A. $\frac{2}{12}$. C. 14.

En Danois, *Blaastaal, Blaastuk.*

B

Tab.

FIGURES ENLUMINE'ES

TAB. XIII.

PAON ROUGE.

Ce poiſſon ſe diſtingue par ſes trois taches noires. Sa grandeur eſt de 9 pouces. Il eſt plus rare que le *Paon bleu* & on le trouve aux mêmes endroits.

Labrus carneus, *maculis tribus nigris in fine pin. dorſ. & extremo dorſi.*
Norv. *Sudernaal.*

B. 5. **D.** $\frac{16}{14}$. **V.** $\frac{1}{7}$. **A.** $\frac{3}{12}$. **P.** 15.

TAB. XIV.

Le RONE, ou la CAROUSSE DE MER.

Cette eſpece ne devient guere plus grande que cette figure ; ſa chair eſt remplie de petits oſſelets & on n'en fait point d'uſage. On trouve ce poiſſon depuis *Lindernes* juſques au *Sund.* J'ai fait mention de la *carouſſe de mer* dans l'hiſtoire du *Bergylte.*

Labrus, *Rone.*

B. 5. **D.** $\frac{16}{9}$. **P.** 14. **V.** $\frac{1}{7}$. **A.** $\frac{1}{9}$. **C.** 14.

Norv. *Rone*, Dan. *Strand Karuſſe.*

Nota. Le genre de *Labrus* doit être diſtinct du genre de *Sparus*, par ſes lévres relevées. Nous en avons de cinq eſpeces. 1. Le *Bergylte* avec ſes deux variétés ; le *Rougeâtre*, Tab. I. & la *Verte.* 2. Le *Blaaſtak*, 3. Le *Sudernaal*, 4. le *Rone*, & 5. le *Nebbe.* En été les deux premieres ſont graſſes & bonnes. Ils mangent des coquillages & des vermiſſeaux de mer. *(Serpula.)* De cette nourriture ſe forme la matiere colorante de leur peau & de leurs écailles.

TAB. XV.

LA CHIMERE.

Chimæra (argentea) mas. La *Chimere monſtrueuſe* de Mr. *Linné.* On lui donne ce nom à cauſe de ſa ſtructure ſinguliere. Mais ſa figure eſt trop belle pour être ainſi ſurnommée. Suivant la méthode on doit ſéparer la Chimére du genre de *Squalus.* Le mâle eſt orné d'une couronne ſur la tête & d'éperons ſur le ventre qui manquent à la femelle. Sa grandeur eſt de deux pieds & quelques pouces, à $2\frac{1}{2}$ pieds.

En Dan. *Sölvhaaen.*

On trouve ce poiſſon depuis Tronhiem juſques au Sund.

T A B. XVI.

PERCHE ROUGE ou *NORVEGIENNE.*

Cette efpece de Perche eft unique fur nos côtes du Nordenfields. La Norlande en fournit de plus grandes, de $2\frac{1}{2}$ pieds. Ce poiffon eft très gras & d'une nourriture faine; mais il
n'eft pas abondant. On l'appelle *Uer*, ce qui veut dire *Poiffon à gros yeux.*

B. 7. V. $\frac{1}{8}$. P. 19. A. $\frac{3}{8}$. D. $\frac{15}{14}$.

*Perca (Norvegica). Corpore rubro pinnis dorfalibus unitis radiis XV fpinofis & XIV
muticis.*

Perca, Manna, Linnæi.

Norv. *Uer. Rödfifk.*

T A B. XVII.

LE BROSME.

Cette efpece réunit, pour ainfi dire, le genre de *Gadus* avec celui de *Blennius.* Nos
pefcheurs ont adopté le nom de *Brofme*, comme générique pour le *Blennius.* Ce poiffon fe
trouve depuis le Nord-Cap jufqu'à *Lindersnes.* Il fait un objet de commerce dans le Nordenfields. Sa grandeur ordinaire eft de 2 à 3 pieds.

B. 7. P. 21. V. 5. D. 96. A. 70.

Gadus, brofme, *Monopterygius cirratus, lateribus maculis nonnullis tranfverfis.*

Norv. *Brofme.*

T A B. XVIII.

L'OMBLE.

Le *Röie*, ou *Salmonet des Alpes.*

On pourroit dire que la nature a deftiné le *Röie* pour les Lapons, habitans de nos Alpes,
mais l'art a fu le tranfporter & le conferver dans les petits parcs d'eau de fontaine. Ce poiffon eft
très eftimé par fes couleurs, & il eft d'un goût excellent; c'eft pour cela qu'on l'a transplanté,
car les lacs des Alpes, où il demeure naturellement, font gelés pendant 9 à 10 mois de
l'année. Son ventre eft plat. Il vit avec très peu de chofe, comme de *larves de moucherons,* &c.
Sa grandeur eft égale à la figure qui repréfente auffi les œufs.

Salmo Alpinus, &c. de Mr. *Linné.*

B. 12. D. 13. A. 14. V. 10. P. 11. C. 24.

Norv. *Röie, Rör*, Angl. the *Charr.*

TAB.

T A B. XIX.

BROSME TOUPE'E, ou GALERITE.

Ce petit poiffon n'eft pas commun. On le prend avec des anguilles dans les petits golfes de la mer. La figure le repréfente de grandeur naturelle. On prétend qu'il eft bon à manger: fa tète toupée lui donne une forme affez rare dans fon élément; il y a pourtant plufieurs efpeces de ce genre également ornées.

Blennus, Galerita de Mr. *Linné* & des Auteurs.

B. 6. D. $\frac{55}{78}$. P. 13. V. 2. A. 38. C. 15.

T A B. XX.

LE COQ D'ODIN.

C'eft le nom qu'on donne à cette efpece de *Tringa*, en Islande, parce que dans le tems que les femelles couvent les œufs dans les marais de cette Isle, les mâles aiment beaucoup à fe battre en courant fur la furface de l'eau. Cet oifeau ne paffe guere le Cercle Arctique de l'Europe & de l'Amerique. La figure deffinée en Islande repréfente le mâle de grandeur naturelle; la femelle eft un peu plus petite, & le rouge y regne moins. Cette différence a induit les Auteurs dans l'erreur d'en faire deux efpeces.

Mr. *Edwards* repréfente le mâle, fig. 143. & la femelle fig. 46.

La *Tringa hyperborea* de Mr. *Linné* eft le mâle, & le *Lobata* la femelle.

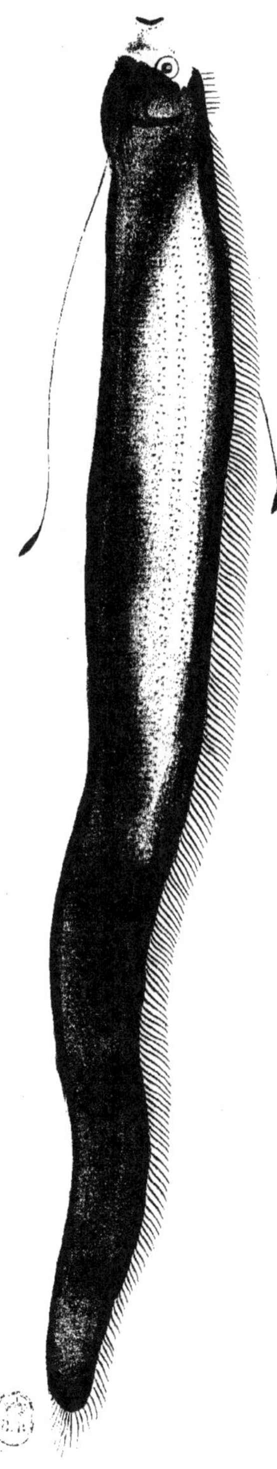

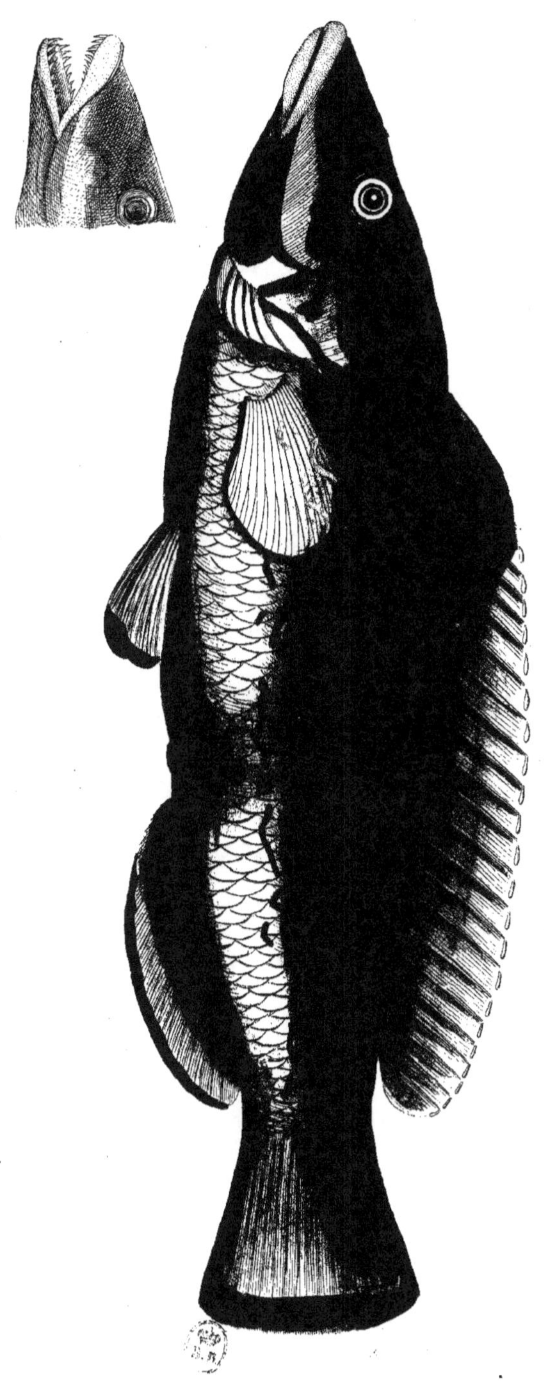

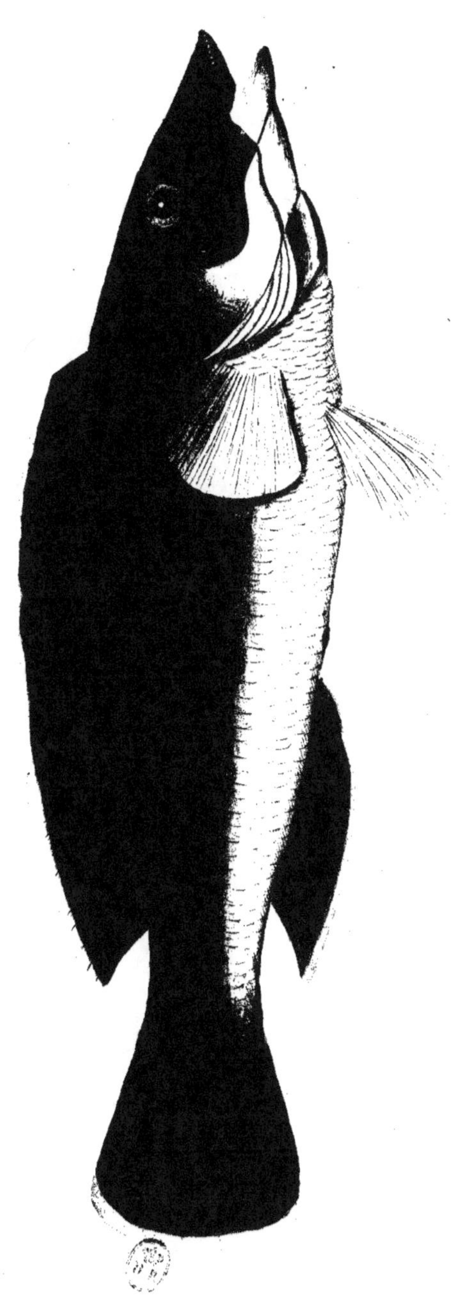

Tab. XIV

I.R.N. T. XV.

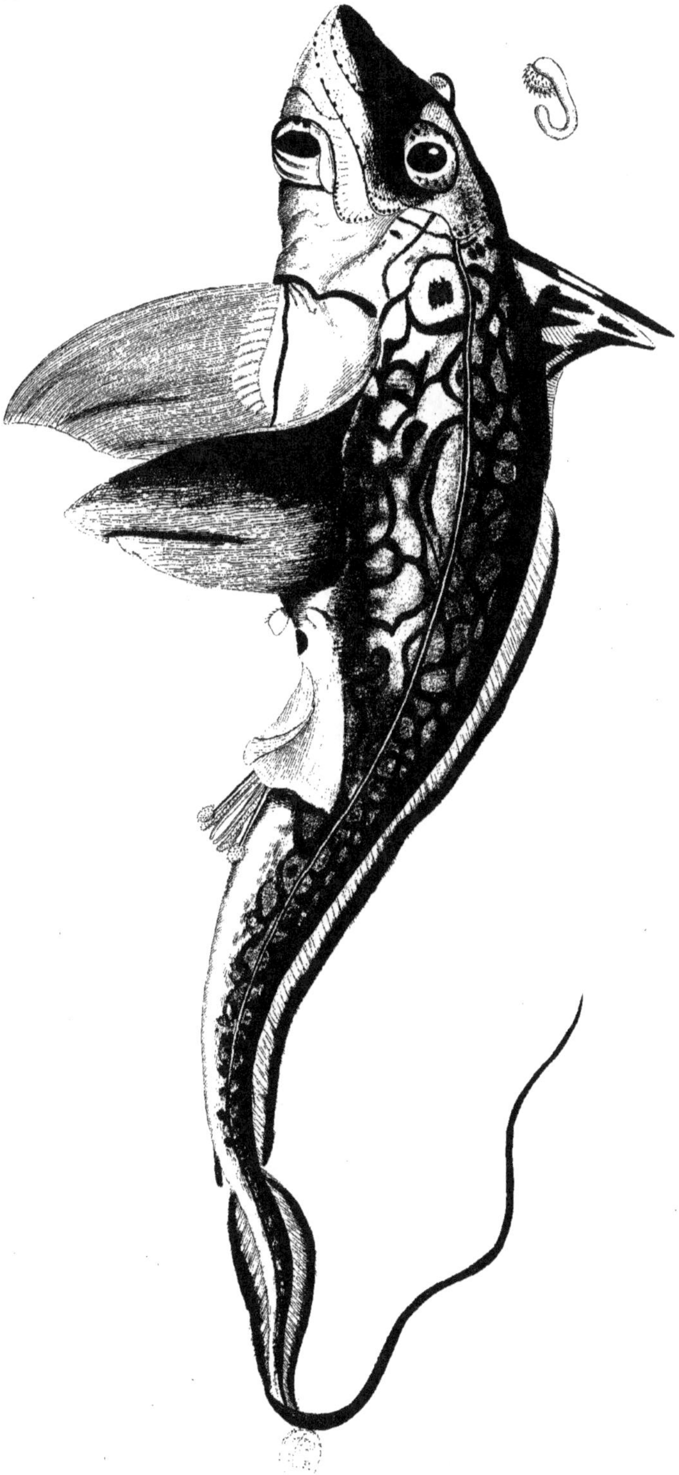

T. R. Nat. Tab. XVI

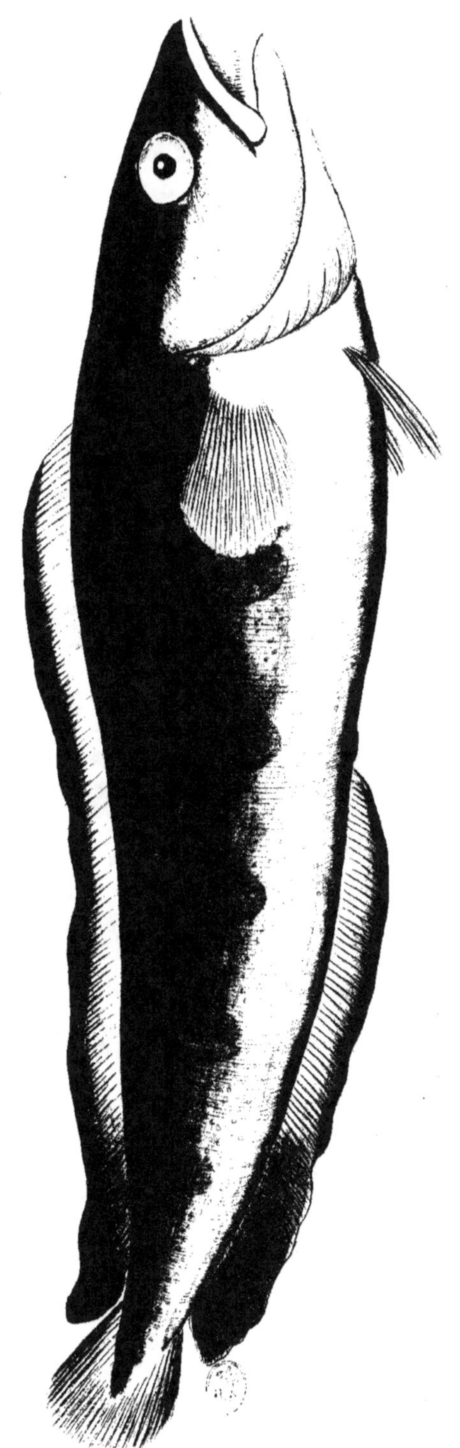

ic. Rer. Nat. Tab. XVII.

ɪ. Ker. Nat. Tab. LXV

1. Rer. Nat. Tab. XX.

ICONES RERUM NATURALIUM,

OU

FIGURES ENLUMINÉES

D'HISTOIRE NATURELLE

DU NORD:

Par Mr. le Professeur ASCANIUS.

TROISIEME CAYER.

A COPENHAGUE,

Chez CL. PHILIBERT.

M DCC LXXV.

EXPLICATION

DES

FIGURES ENLUMINÉES
D'HISTOIRE NATURELLE DU NORD.

TROISIEME CAYER.

Tab. XXI. *le blanc.*

Tab. XXII. *le jaune.*

LE POLLAK, LE LYR.

Espece de *Dorsch*, dont il y a deux fortes, *la blanche* & *la jaune*. Le *Lyr* a été confondu avec le *Sey*, *gadus virens*, parce qu'on les pêche ensemble, en été, sur les côtes du Nordenfields ; mais ils différent essentiellement. Le *Lyr* est un poisson moins commun chez nous que la *Dorsch* jaune qui est très commun.

Gadus *pollachius tripterygius imberbis*, *maxilla inferiore longiore, linea laterali curva*.
B. 7. D. 12, 17. 15. P. 18. V. 6. A. 20, 18. C. 22.

Tab. XXIII.
LE SEY.

C'est l'*Asellus virescens* des Ichthyologistes, dont la pêche est très considérable sur les côtes du Nordenfields, pendant toute l'année , soit pour l'usage du pays, soit pour le commerce extérieur. Nous n'avons point d'espece dont l'histoire œconomique soit mieux détaillée. Le *Mort* est le plus petit, il est de 3 à 5 pouces. Le *Palle* de la seconde année est plus grand. Le *Treœrin* de la troisieme année a 16 pouces dans le dessein. Les années suivantes on l'appelle *Sey*, ou *Graasey*, & devient un poisson de la haute mer ; il a quelquefois plus de 2 pieds. Sa chair est alors grisâtre & dure, & sa dénomination se change en *Ufs*.

B. 7. D. 19. 20, 20. P. 19. A. 24. 20. V. 6. C. 36.
Le Gadus *virens* de Mr. *Linné*.

Tab. XXIV.
LE SIL.

De 30 especes du gente de *Saumon*, le *Sil* est la seule qui soit proprement pélagique, ou qu'on prend à la haute mer , ne s'approchant point des côtes pour se rafraichir dans l'eau douce, ou moins salée. Cette propriété lui est au moins unique en Europe. Comme l'espece en est

A 2

rare

rare on en pêche fort peu. Ce poisson est très gros, & sa chair, quoique remplie de petits offelets, comme dans le *Lavaret*, est très excellente. J'en ai mangé plusieurs aux environs de Bergue, où on le nomme *Var-Sil*. Sa grandeur varie d'un à deux pieds, mais la premiere est la plus commune.

SALMO *Silus; maxillis fub-æqualibus, capite planiufculo, pinna* Dorfi, *rad. XII.*

B. VI. D. XII. P. 17. V. 13. A. 14. C. 40.

TAB. XXV.

L'ANARICHE, LOUP-MARIN.

L'Anariche fait une espece seule de son genre; il est unique à l'Océan septentrional de l'Europe depuis le Grœnland jusqu'en Ecosse & la Baltique. Ce poisson n'est pas commun, la pêche ne s'en fait que par hasard, sur-tout en été, alors la chair est aussi bonne que celle de l'anguille. L'Anariche est très vivace & mordace, attaquant & prenant tout avec ses dents qui sont très fortes, mais nécessaires pour prendre des crustacés & des coquillages pour sa nourriture. Ses dents molaires sont connues dans l'histoire des Pétrifications sous le nom de *Bafonites*. Sa grandeur ordinaire est d'un à deux pieds. Les plus grands sont de 4 pieds & plus.

ANARICHAS, *Lupus* de Mr. *Linné.*
B. 6. D. 74. P. 20. V. 0. A. 46. C. 10.
Norv. & Dan. *Stenbider.* Grœnland. *Kigutilik*, id est *dentatus.*
Germ. *See-Wolff.*

TAB. XXVI.

LA BALEINE, RÖRQUAL.

Entre les grands troupeaux de Baleines qui poursuivent les harengs, il y en a souvent quelqu'une qui paye la chasse de sa vie, en échouant sur les bas fonds, où en se renfermant dans les golfes, d'où elles n'osent plus sortir, par une crainte naturelle de repasser par des bas fonds contre l'ombre. C'est alors qu'on peut en profiter, car une seule baleine peut donner 50 tonneaux d'huile, & le produit de la pêche est de tems & tems augmenté par quelqu'une de la même maniere. J'ai vu une femelle de cette espece qu'on avoit trouvée morte, dont on voit ici le dessein. Elle avoit 33 aunes ou 66 pieds de longueur. Le méchanisme de sa machoire inférieure qui est d'une énorme grandeur, lui facilite le moyen d'engloutir une immense quantité d'harengs, & autres poissons, à la fois, dans la cavité de sa bouche, & de les avaler peu à peu. Quand le hareng se retire les baleines s'en vont aussi.

C'est apparemment l'espece que *Sibald* avoit nommée *Bal. trip. nares habens, cum rostro acuto & plicis in ventre,* car je n'ai point vu son livre sur la baleine.

C'est le *Mufculus* de Mr. *Linné?*

Les Norvégiens l'appellent *Rörqual*, id est, *à ventre canellé.*

Ces grands animaux procurent souvent une espece de spectacle marin dans les golfes qu'on nomme *qual vog*, ou *golfes de baleine*. Car après en avoir fermé l'entrée par de grands filets, des grilles de bois, &c. on cherche les moyens d'harponner la baleine ; cela fait, les habitans de Bergue y vont dans leurs barques, qu'ils attachent avec des cordes les unes aux autres. La Baleine blessée, se donne à la course, & les entraîne tous avec une extrème vitesse, ce qui n'est pas sans péril. Cet amusement ne peut-il pas se comparer à ces spectacles marins que les Romains donnoient près de Rome ?

<h2 style="text-align:center">Tab. XXVII.</h2>

<h2 style="text-align:center">LA MORUE, SKRE'E, VAAR-TORSK.</h2>

Une branche de commerce des plus considérable, tant de l'Europe, que de l'Amérique boréale, vient de cette espece de *Dorsch*. La pêche s'en fait dans le Nordenfields, peu après celle du *Vaar-Sild* ; dans le mois de Février, ordinairement dans l'espace de 20 à 30 jours, en différens endroits.

Le Cabiliau est un poisson pélagique, & n'approche les côtes, en grand nombre, que pour déposer ses œufs ; ensuite il retourne en pleine mer. La fécondité, qualité commune à un grand nombre de poissons, est extraordinaire dans cette espece & surpasse tout ce qu'on connoît dans la nature. Les observations font monter le nombre des œufs au-delà de 9 millions. On en charge des vaisseaux pour la France, pour la pêche de la Sardine. J'ai vu un ovaire qui pesoit 14 liv.

La grandeur de ce poisson est de 2 à 4 pieds, & pèse jusqu'à 50 liv. En Norvege & en Islande on en prépare le *Klipfisch*, ou la *Morue sèche* ; le *Platfisch* est destiné pour l'Allemagne, de même que le *Rundfisch* & le *Rotskiær*. On en sale aussi une partie.

Quelques unes de ces différentes préparations demandent un air sec & de 4 degrés de chaleur de la division de 80.

C'est le GADUS *Morhua* de Mr. *Linné.*
B. 7. D. 13, 18, 19. P. 20. V. 6. A. 18, 15. C.
On trouve des *Hermaphrodites*, mais ils sont très rares & moins bons.

<h2 style="text-align:center">Tab. XXVIII.</h2>

<h2 style="text-align:center">LA LOTTE, LAKE, Angl. *The Burbot.*</h2>

Dans la Province d'Aggershus on trouve le plus grand lac de Norvége, appellé *Mioesen*, qui fournit presque une vingtaine d'especes de poissons. Parmi ce nombre est le *Lake*, qu'on trouve aussi dans presque tous les grands lacs de l'Europe, des pays élevés. Suivant sa figure on devroit le rassembler dans l'ordre systématique, avec le *Blennius*, mais quand on l'examine ce doit être un *Gadus*, & la seule espece de ce genre qui reste dans l'eau douce. Dans les pays du Sud, en France & en Italie, ce poisson porte presque le même nom, peut être aussi en Espagne.

La Lotte est en saison & la pêche s'en fait au commencement de l'année, sous la glace. Sa chair est très ferme & excellente, de même que le foye, les ovaires & le lait qui sont fort délicats.   Sa grandeur est d'un à deux pieds.

GADUS *Lota* dipterygius cirratus *maxillis æqualibus*. Linn.

B. 7. D. 11. 72. P. 21. A. 60. C. 40.

Dan. *Aalquabbe*, *Franske Giedder*.

TAB. XXIX.

LE VEMME.

La pêche de cette petite espece de Saumon est très abondante à la St. Michel, dans l'embouchure de la riviere de *Louen*, où elle entre dans le *Mioes*, savoir à *Faaberg*, dans le *Gulbrausdal*. On fait même une espece de commerce de ce poisson tout le long du lac.   Comme la figure & le goût sont assez analogues avec ceux du hareng, le Vemme est communément appellé *Lax-Sild*, ou *Lake-Sild*.   La grandeur ordinaire est celle de la figure.

B. 7. D. 11. P. 14. V. 12. A. 11. C. 30.

SALMO *Albula maxillis edentulis inferiore longiore* de Mr. *Linné*.

TAB. XXX.

LE LAVARET, SIK, HELT.

Il y a un lac près de Chambery nommé *Lavaret*, d'où ce poisson tire son nom chez les anciens Auteurs.   On dit même à Chambery qu'on ne le trouve que dans ce lac.

En Norvége le *Sik* est connu depuis les lacs des Alpes dans les fleuves, jusques à leurs embouchures, comme dans le *Nid*, près d'Arendahl.

Le Lavaret est en saison, dans les trois derniers mois de l'année, & alors le mâle porte des écailles pointues en plusieurs lignes sur les côtés, qui disparoissent ensuite.   On voit alors les deux sexes s'attacher l'un à l'autre, & mouvans dans l'eau.   Mais les ovaires de la femelle n'annoncent point une grande fécondité.   La chair perd de son goût si on n'en fait pas d'abord usage.

La grandeur ordinaire de ce poisson est de 12 à 15 pouces jusqu'à 2 pieds, & la figure représente un mâle dans la saison.   Dans le *Limfiord*, en Jutland, on l'appelle *Helt*.

B. 9. D. 13. P. 18. V. 13. A. 15. C. 18.

SALMO *Lavarettus maxilla superiore longiore, lateribus asperiusculis*.

Les François le nomment aussi *Vendoise* & les Anglois *Gwiniard*.

❋   ❋   ❋

Ic. Rer. Nat. Tab. XXI.

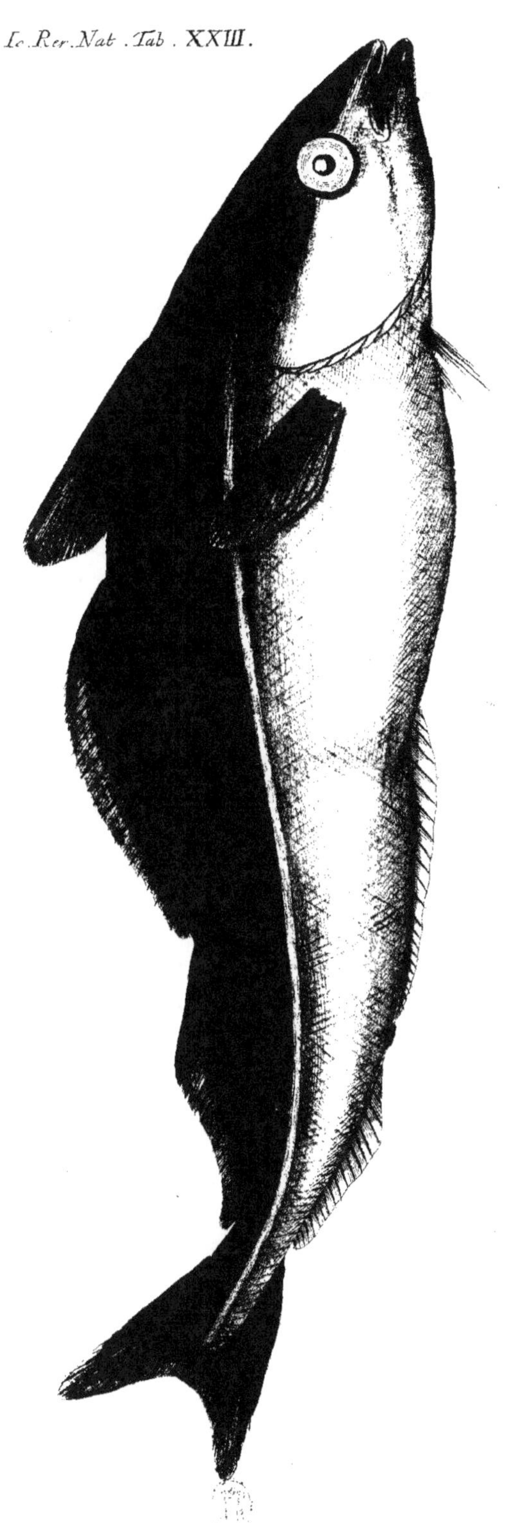

Ic. Per. Nat. Tab. XXIV.

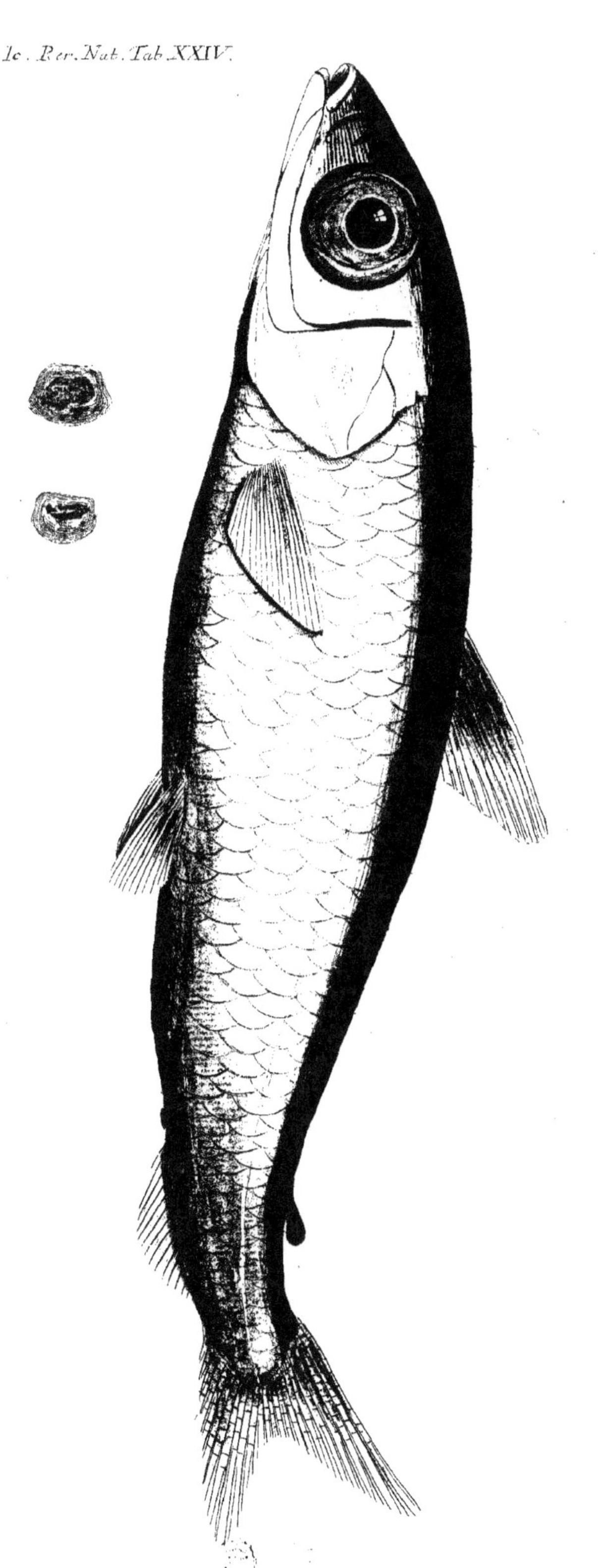

Pl. CLXXV.

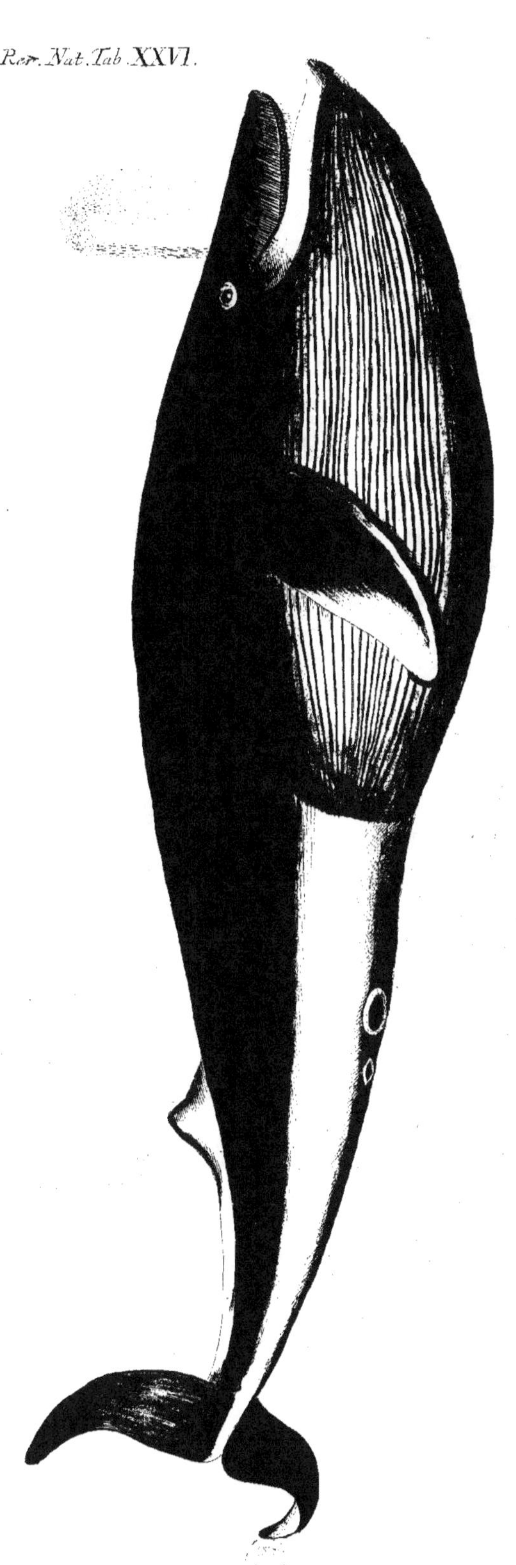

Ic. Rer. Nat. Tab. XXVI.

Ic. Rer. Nat. Tab. XXVII.

Ic. Rar. Nat. Tab XXVIII.

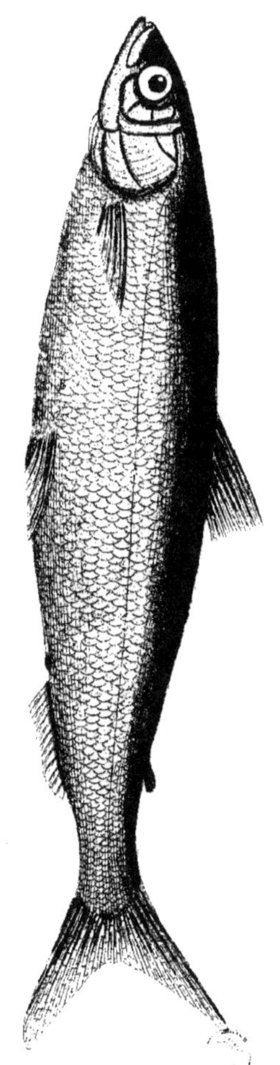

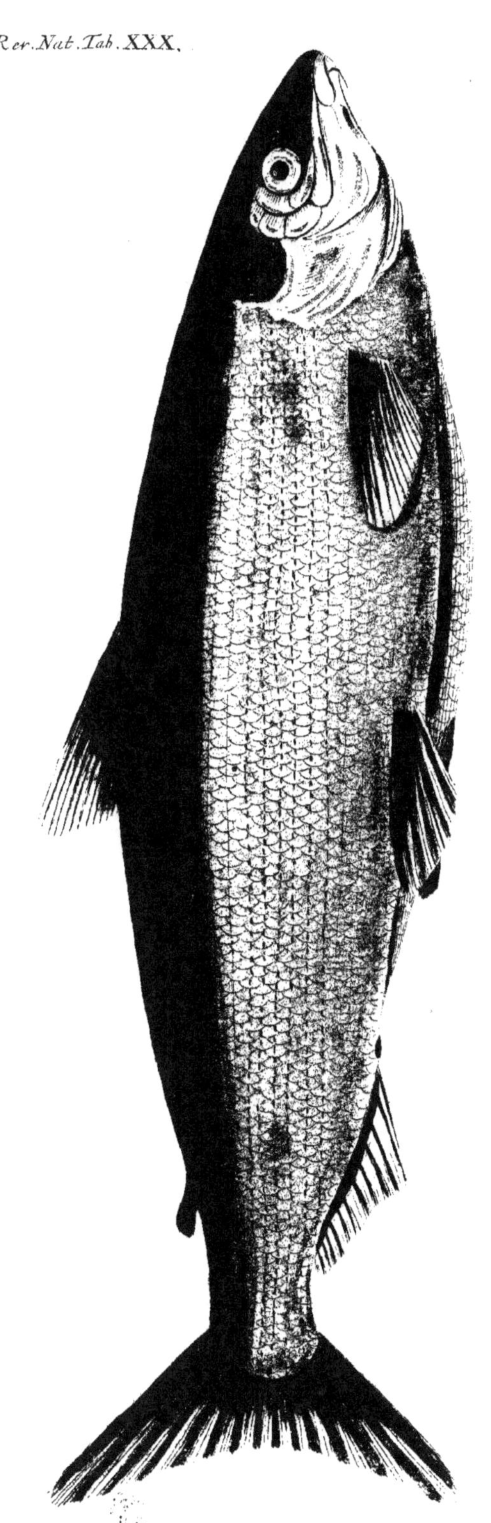

Io. Rer. Nat. Tab. XXX.

ICONES RERUM NATURALIUM,

OU

FIGURES ENLUMINÉES

D'HISTOIRE NATURELLE

DU NORD:

PAR MR. LE PROFESSEUR ASCANIUS.

QUATRIEME CAYER.

A COPENHAGUE,
Chez C L. P H I L I B E R T.

MDCCLXXVII.

EXPLICATION

DES

FIGURES ENLUMINÉES

D'HISTOIRE NATURELLE DU NORD.

Tab. XXXI.

LE HAAEBRAND,

espece de Chien de mer.

Le genre de *Squalus* est assez nombreux en especes, qui sont même très différentes en grandeur & grosseur. Ce poisson se tient ordinairement dans la haute mer, ou dans les grands golfes, entre les isles & le continent. Comme les grands poissons sont les moins nombreux, ce n'est que par hazard qu'on le trouve & qu'on le pesche. Pendant mon séjour à *Histen*, dans la province de Bergue, je fis jetter de grands filets dans la haute mer qui nous procurerent un *Haaebrand*, qui poursuivoit d'autres poissons pris dans les filets, s'étant lui-même entortillé, car on ne pesche de ce poisson, comme j'ai dit, que par occasion. Ce poisson avoit 8 pieds de long & 4 de circonférence. Il pesoit près de 200 Livres. Les pescheurs prétendent qu'il y en a de 6 aunes ou 12 pieds. C'étoit un mâle. La femelle doit être de la même figure, excepté les appendices qui sont les marques qui distinguent le sexe dans le genre du *Squalus*. Le foie est la seule partie dont on fait usage. Il est fort gros & il fournit beaucoup d'huile. Le *Haaebrand* a une marque très spécifique dans son genre, ce sont deux petites fosses triangulaires à l'extrémité de son corps.

Squalus glaucus *fossulis triangularibus duabus in extremo corpore,* &c.

Norv. Haaebrand.

A 2

T A B.

T A B.   XXXII.

LE RÖDING,   Roetelet.

Cette 'efpece fe trouve dans les lacs du Chriftianfandois, près de la côte, & même dans ceux des isles.   Pendant mon féjour à *Stavanger*, dans le mois de Septembre
1769, mes amis eurent la bonté de m'en faire apporter plufieurs des lacs du *Jeddeven*,
de *Malde*, *Haaland*, &c.   J'en avois une 20°. dont la grandeur varioit de 8 à 15
pouces.   La véritable faifon du Röding eft à la St. Michel.   Sa chair eft ferme &
rouge comme celle de l'omble (*Rör*).   On en a auffi dans des parcs ou étangs, parce que la pefche n'en eft point abondante & qu'elle dure peu de tems.

B. XI. P. 12. 13. V. 8. A 10, D 12, C. 18.

Salmo, (*Röding*) *dorfo brunneo*, *lateribus albicantibus fupra lin. lateralem maculis albis,*
abdomine miniacef. Arted. & Linn. o. *carpio.*

Norv. *Roïe*, *Röding.*

T A B.   XXXIII.

*LE KULMUN*D.

Dans le cours de mes voyages, en defcendan* de *Filefield* par *Wallers*, jusqu'au
Land, la pefche qu'on fait dans le Randsfiord m* procura ce poiffon, qui eft, comme le *Röding*, du genre du *faumon.*

La pefche du *Kulmund* ne produit pas beaucoup, les petits principalement ne va-
lent pas grand chofe.   Les plus grands ont 24 pouces.   Le *Rör*, le *Röding* & 'e *Kul-*
mund, ont quelque chofe de commun dans leur œconomie, ou maniere de vivre, c'eft
à dire qu'ils ne quittent point leur demeure,   comme prefque toutes les autres Trui-
tes dans le commencement de l'automne, & peut-être n'en font-ils que des varietés.

Salmo lacuftris, *corpore violaceo*, *maculis argenteis majoribus*, *nigris minimis pun-*
Étato.

Norv. *Kulmund.*

B. 11. D. 14. V. 10. P 15. A 12. C. 20.

T A B.   XXXIV.

LE CYCLOPETRE,   Rognkiegfe.

On trouve ce poiffon dans toutes les mers de l'Europe; dans le nord depuis la Baltique jusqu'en Islande & en Groenland.   On le nomme en Islande *Stenbit*, parceque fa ftru-
êture en deffous lui facilite le moyen de s'attacher aux rochers & aux pierres dans la mer.
On en fait une efpece de *Rekling* en le faifant fécher à l'air frais du printems.   Les petits
comme les plus gras font bons pour cet ufage.   Ils font de la grandeur de 1 à 3 pieds.
Celui qu'on a deffiné avoit 16 pouces.   Les petits font fingulierement colorés, & peuvent
vivre longtems dans un verre avec de l'eau de mer.   Je ne connois aucun poiffon qui
tourne fes yeux brillans avec tant de promptitude.   Les petits s'attachent au verre par la
pinne orbiculaire du ventre fi on les laiffe tranquilles.

Cyclopterus, *Lumpus* auêtor.

Norv. *Rongkiegfe.* Dan. *Stenbit.*

T A B.

Ic. Rer. Nat. Tab. XXXII.

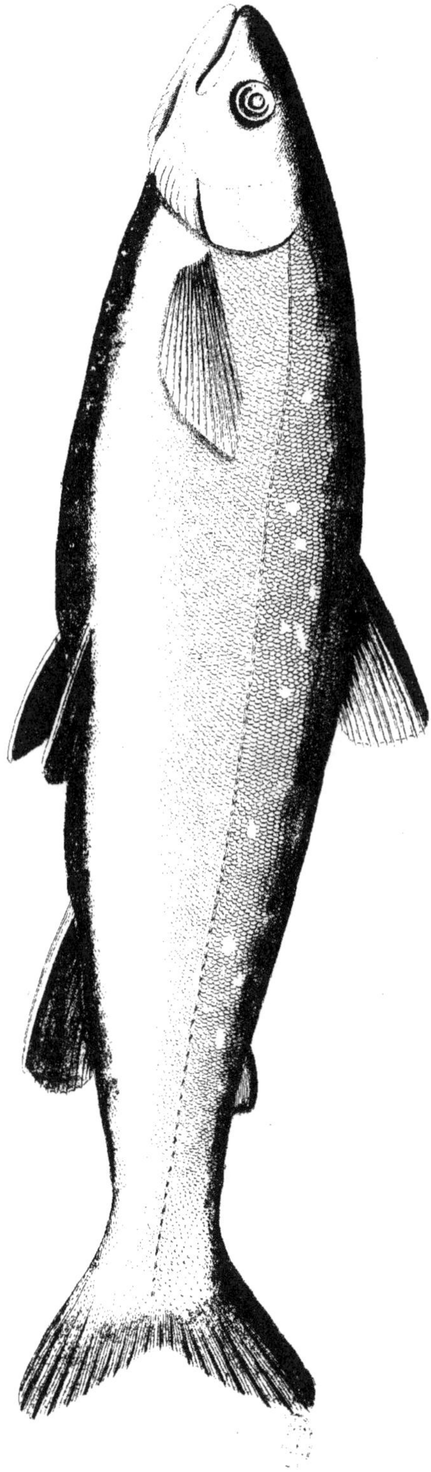

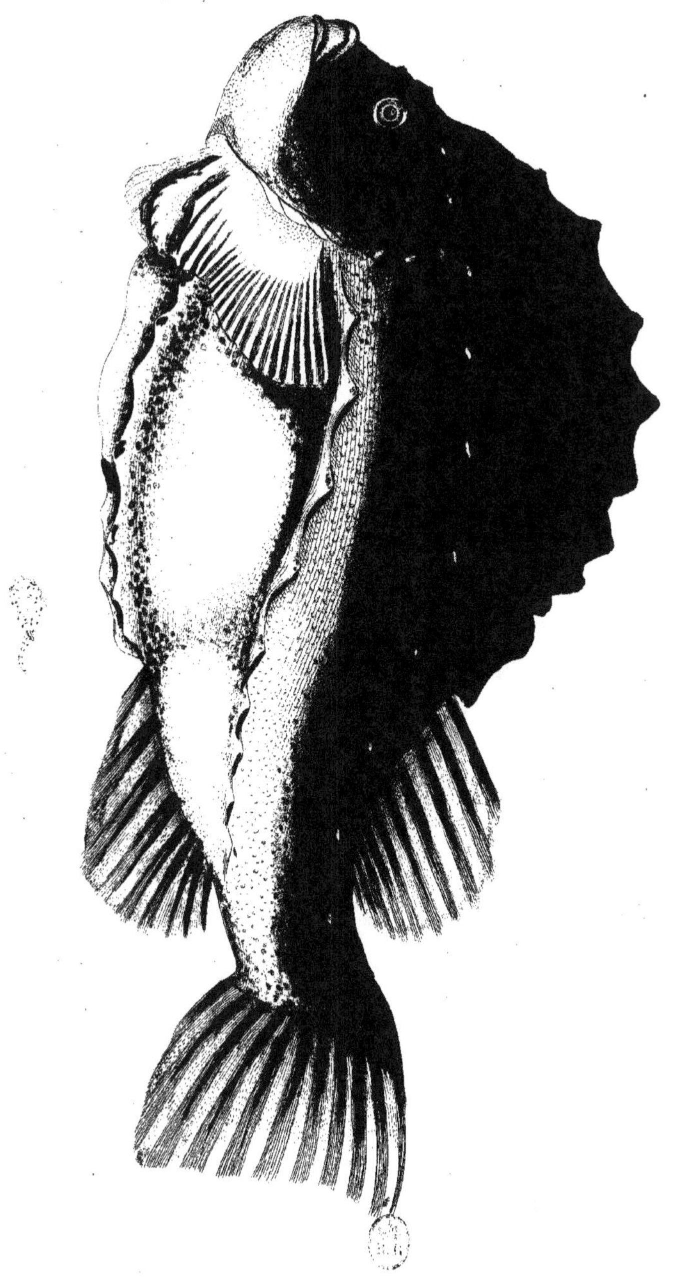

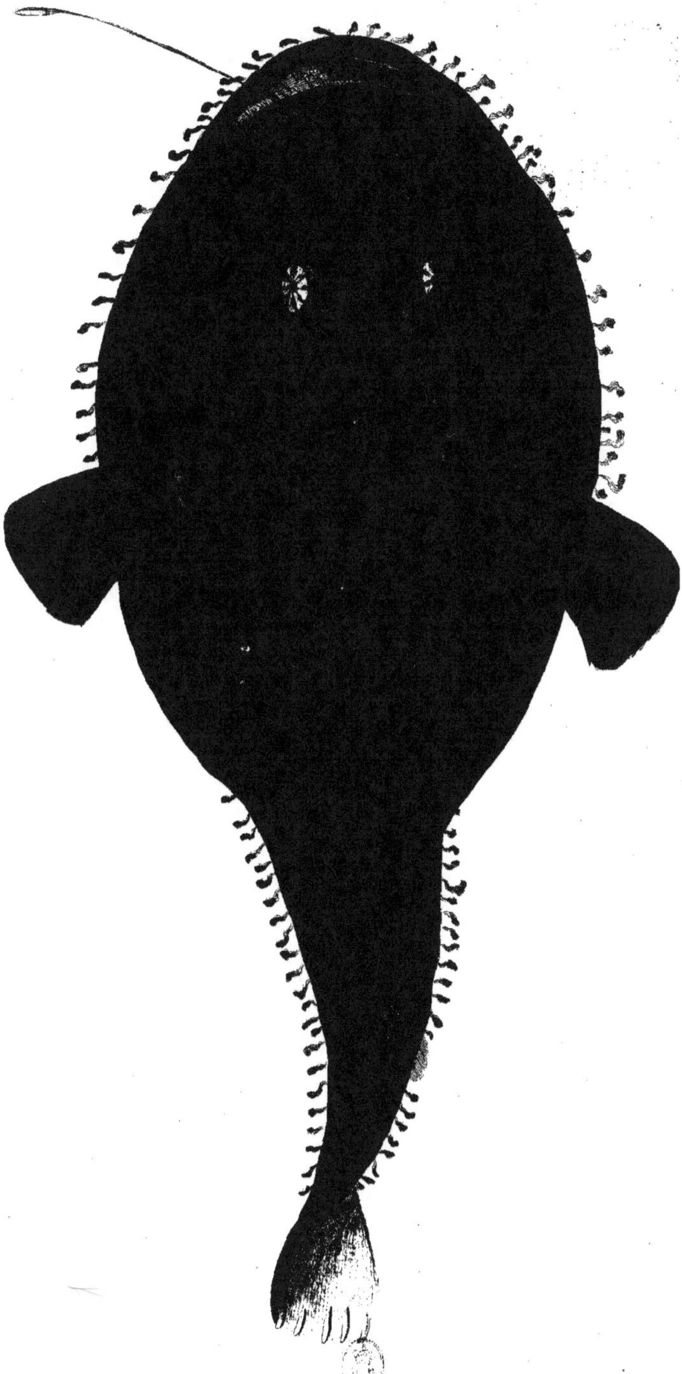

Ic. Rer. Nat. Tab. XXXV.

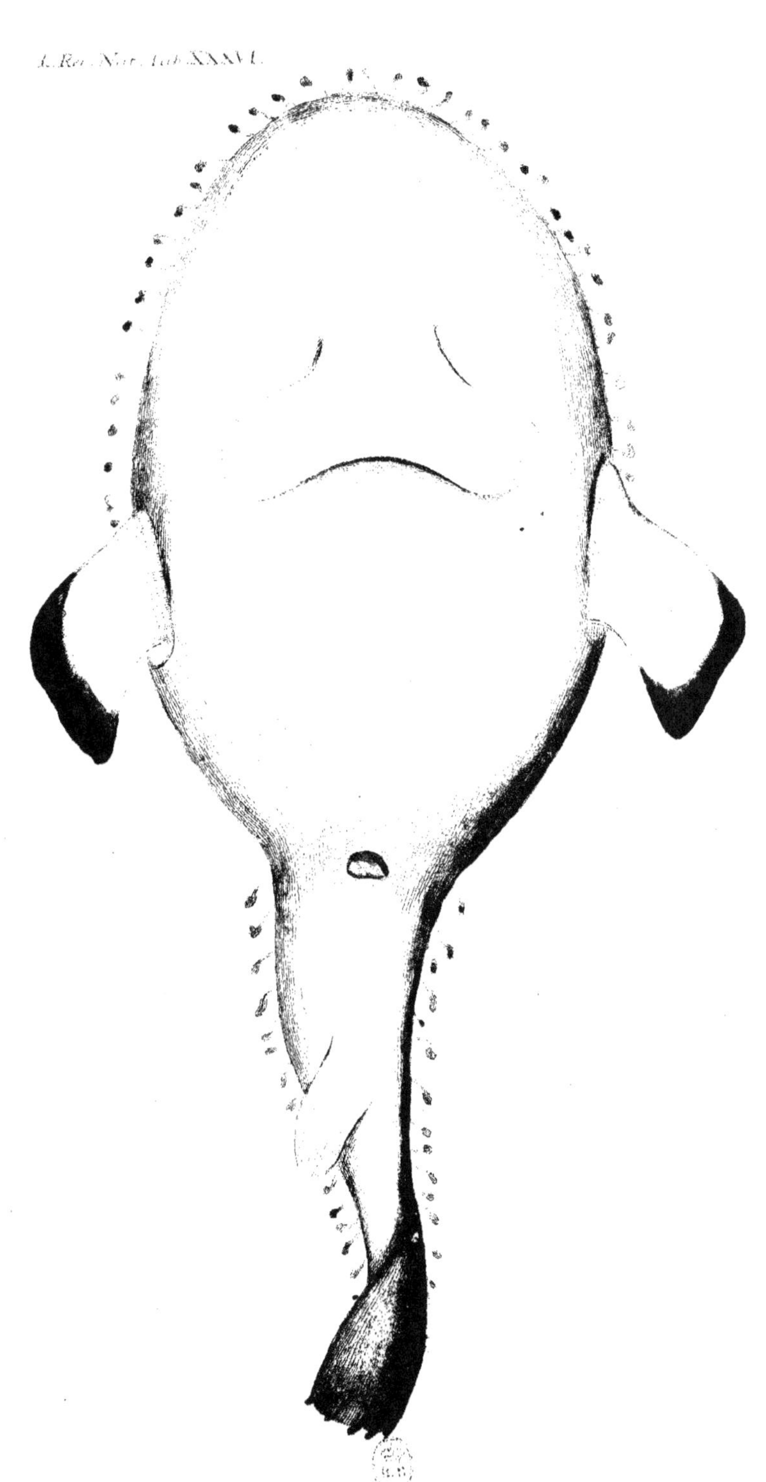
A. Rei. Nat. tab. XXXVI.

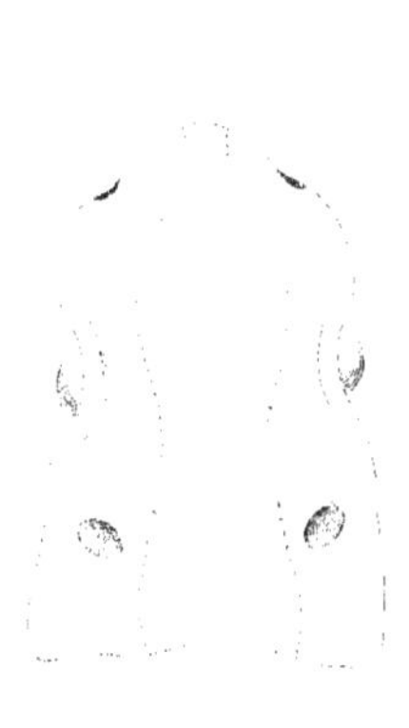

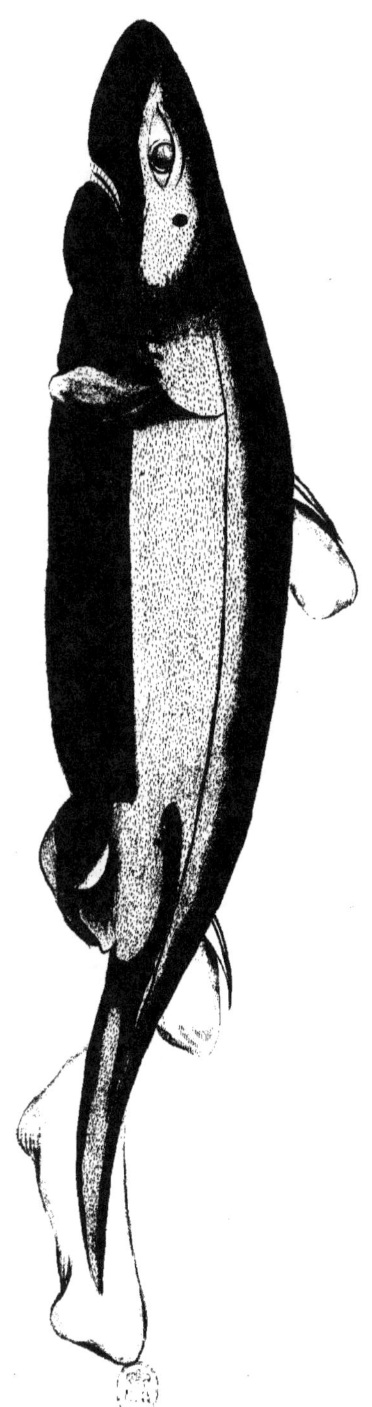

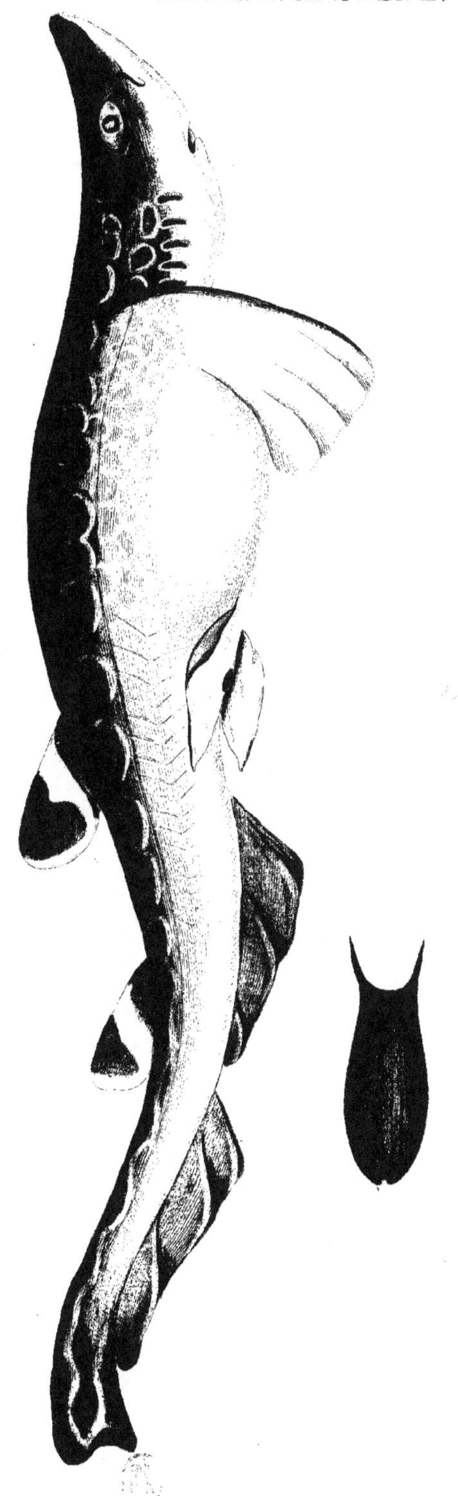

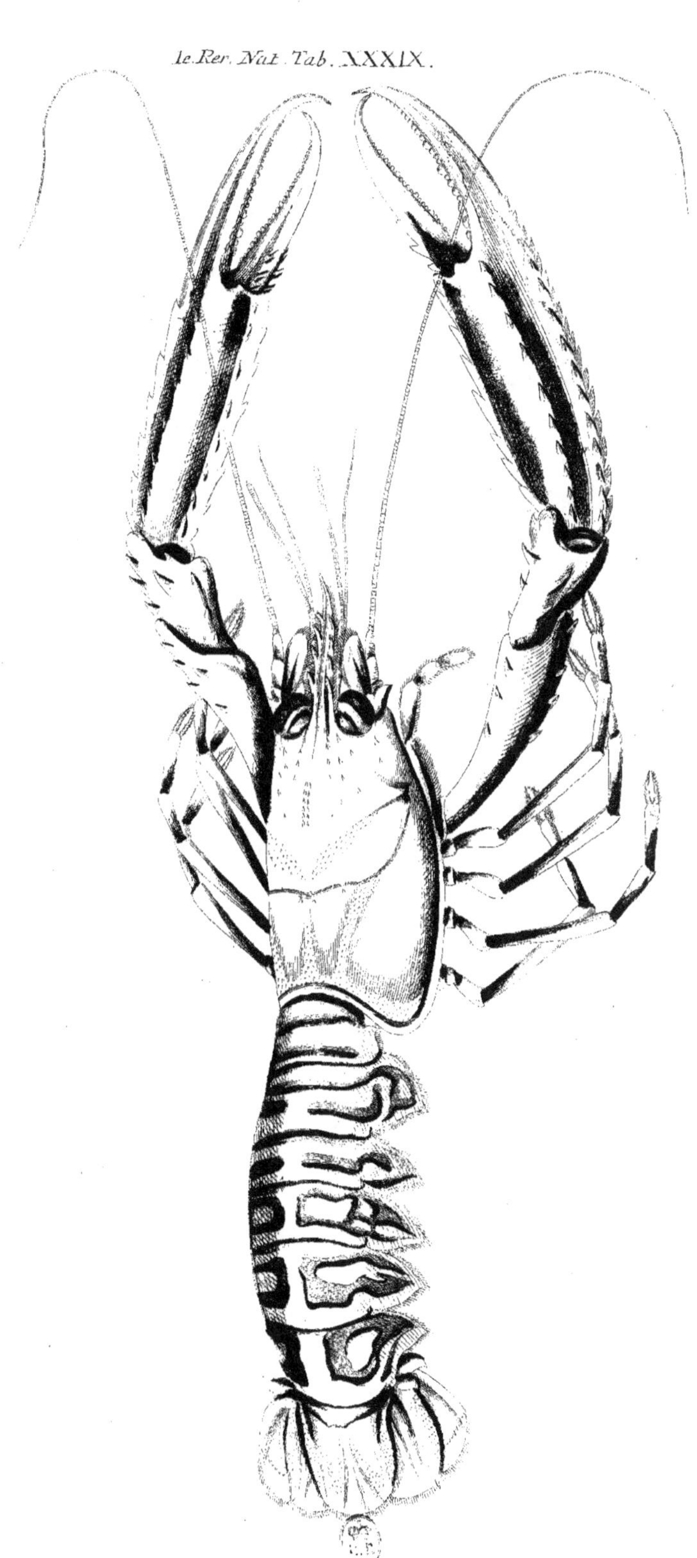

Ic.Rer.Nat.Tab.XXXX.

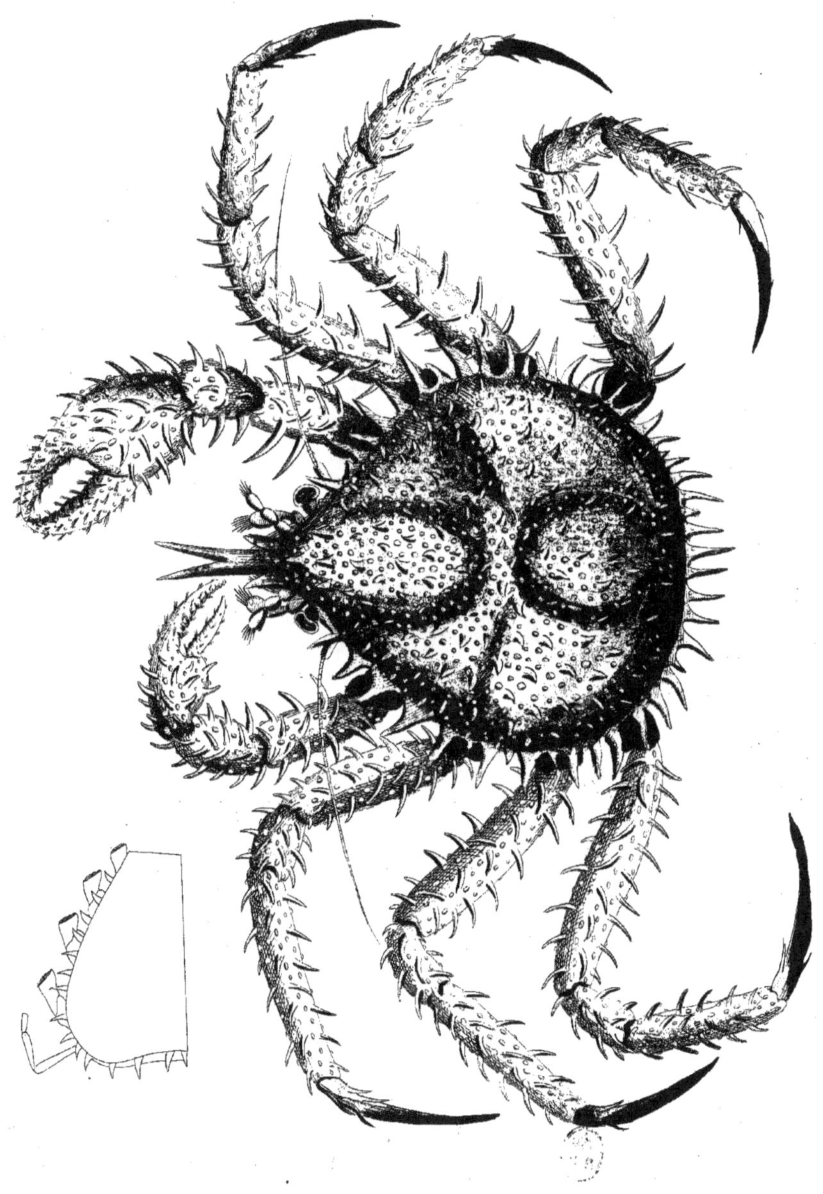